즐겁다 한글

5~6세

새롬이네 집입니다

정원

현관

대문

꽃밭

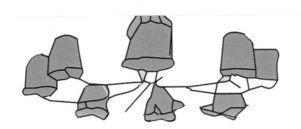

거 실

커 텐

텔레비전

소 파

거	실

소	파

텔	레	비	전

커	텐

새롬이네 가족입니다

할	아	버	지

할	머	니

아	버	지

어	머	니

언니

오빠

동생

나

✭ 알맞은 그림과 선으로 연결하고 빈칸에 따라 써 보세요.

어 머 니

아 버 지

할 아 버 지

할 머 니

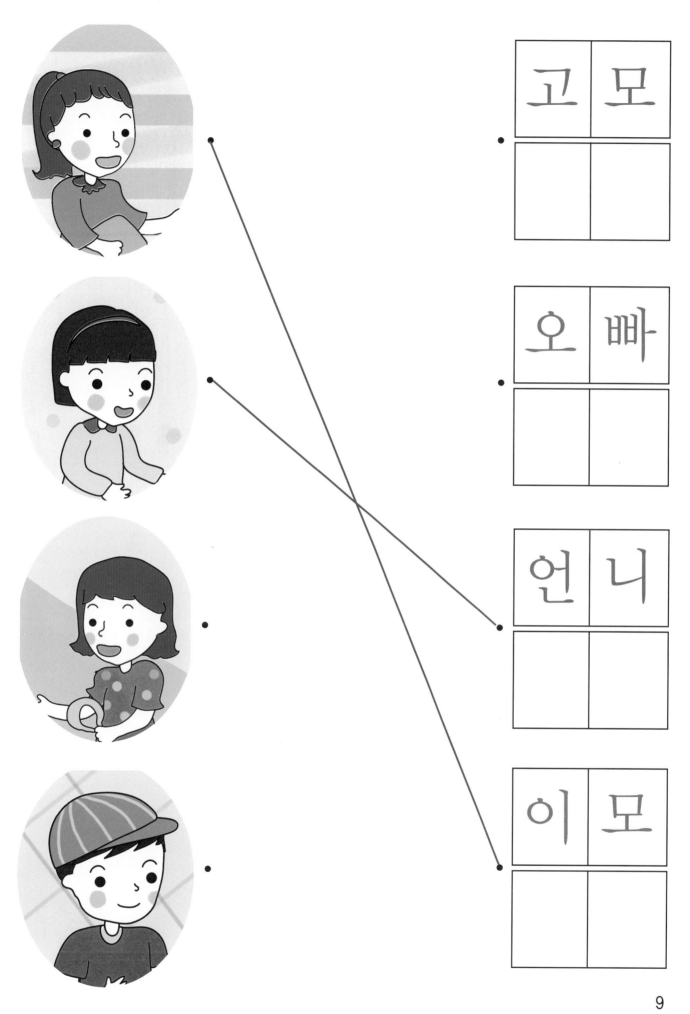

고	모

오	빠

언	니

이	모

새롬이네 집에 있는 과일입니다

★ 그림과 글을 서로 맞게 선으로 연결하세요.

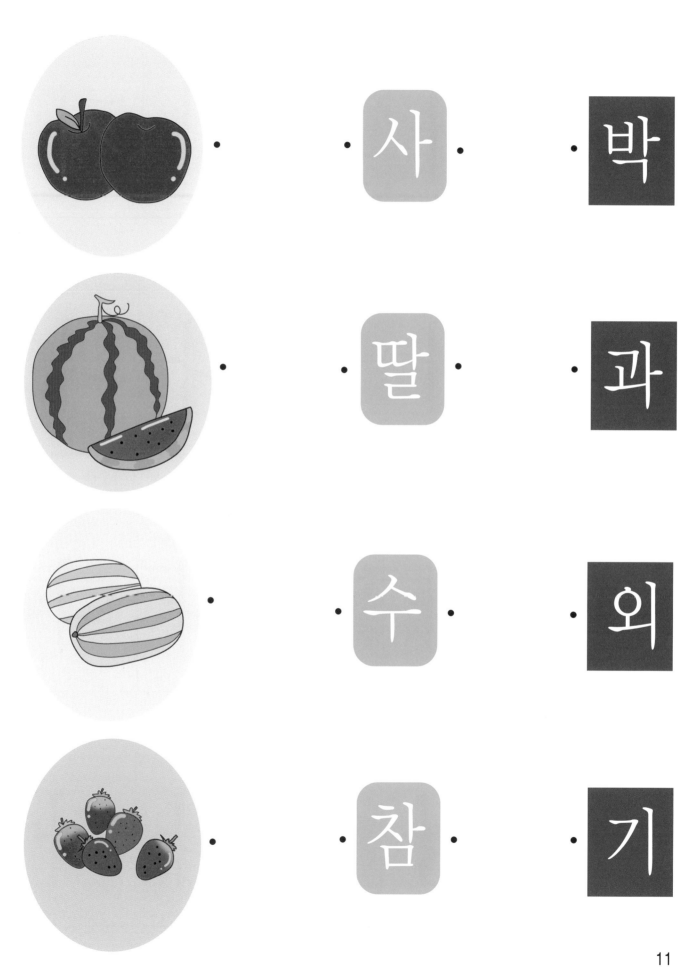

사 · · 박

딸 · · 과

수 · · 외

참 · · 기

☆ 가, 나, 다, 라를 예쁘게 따라 써 보세요.

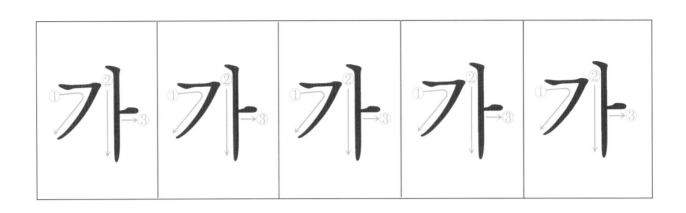

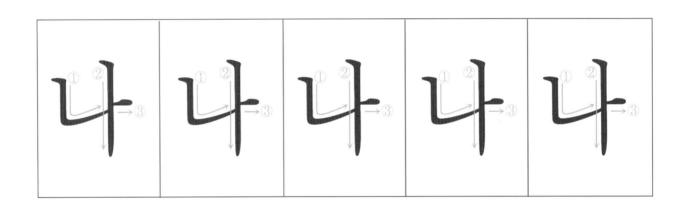

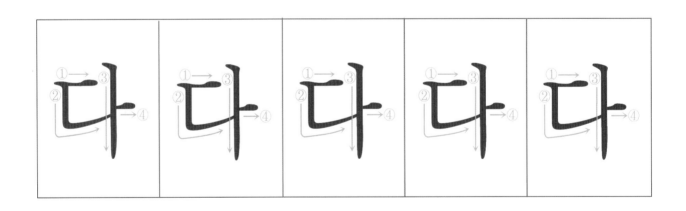

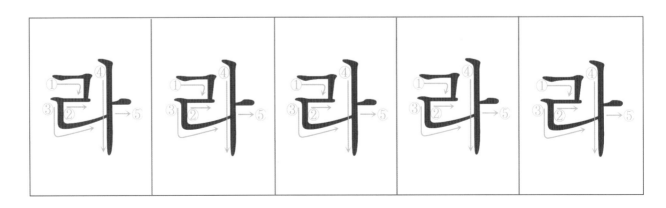

☆ 그림과 맞게 선으로 연결하고 예쁘게 따라 써 보세요.

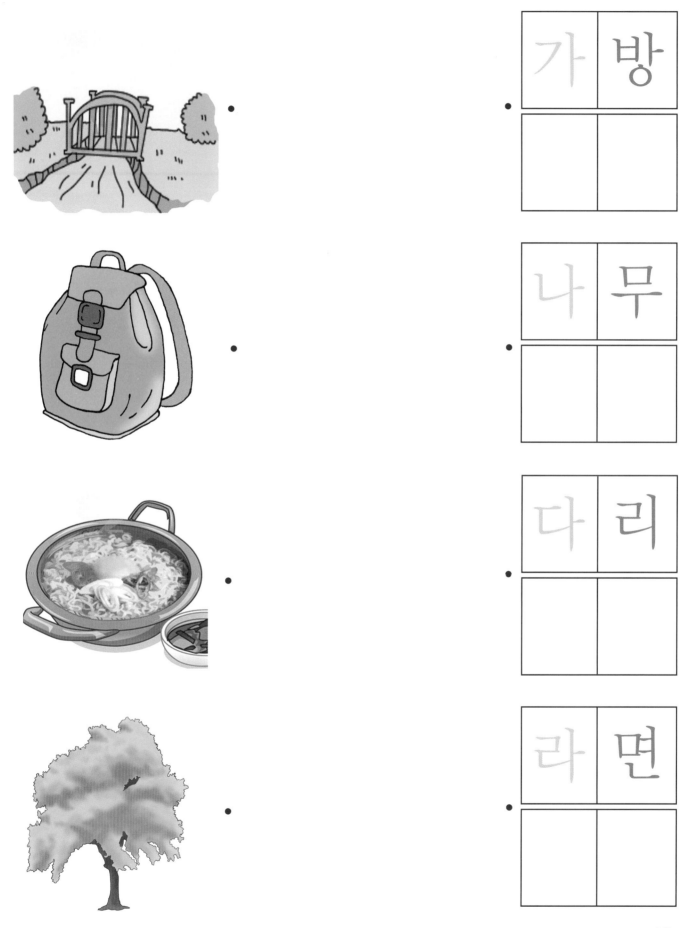

가 방

나 무

다 리

라 면

새롬이가 시장에서 본 채소입니다

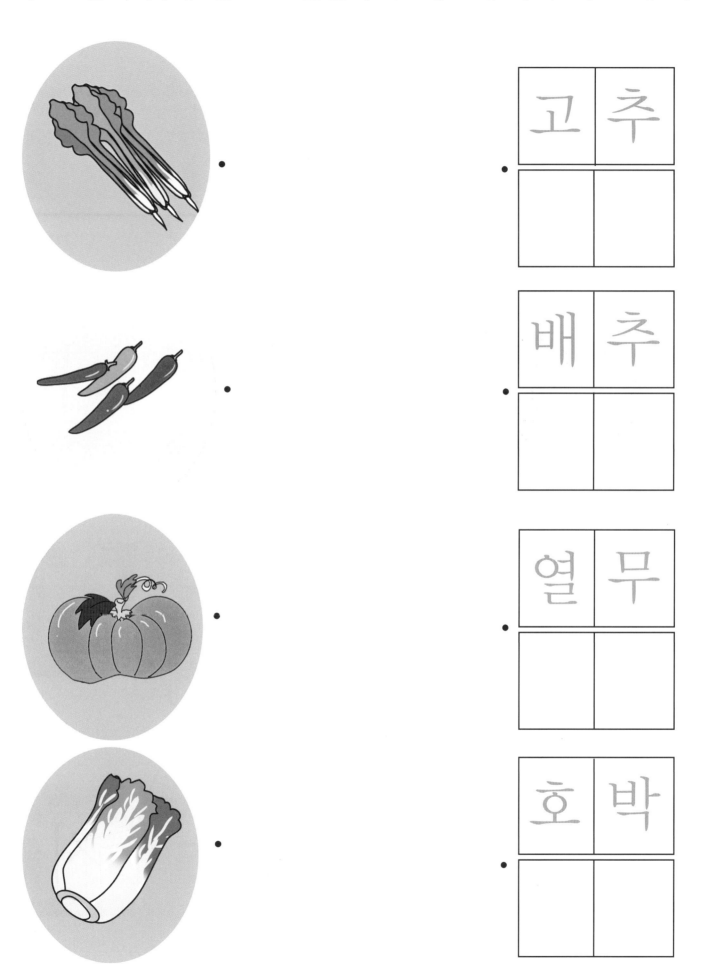

고	추

배	추

열	무

호	박

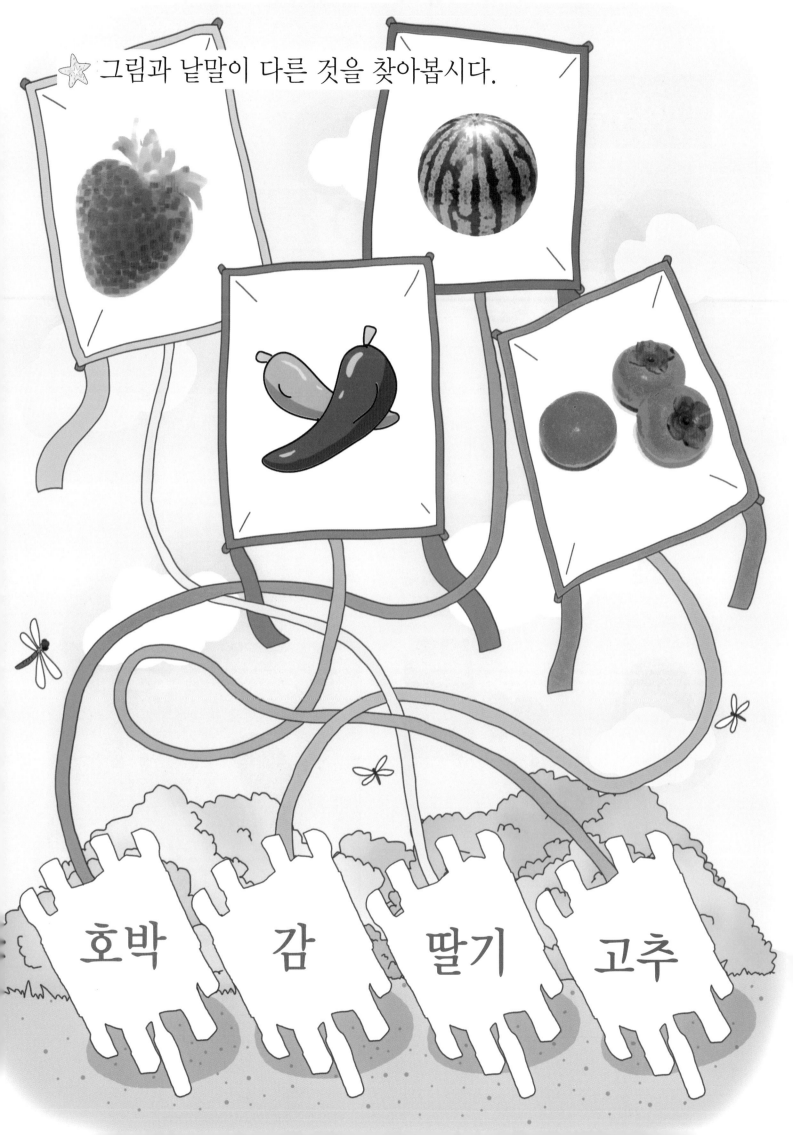

☆ 그림과 낱말이 다른 것을 찾아봅시다.

호박　　　감　　　딸기　　　고추

하루를 알아봐요

아 침

낮

저 녁

밤

봄

여 름

가 을

겨 울

저 녁

낮

아 침

밤

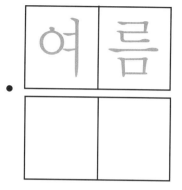

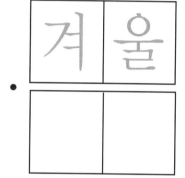

가을

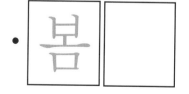

춥다

덥다

시원하다

따뜻하다

맑	다

흐	리	다

비	가		온	다

눈	이		온	다

새롬이가 본 시골 모습입니다

산

들

시냇물

논

☆ 알맞은 그림과 선으로 연결하고 빈칸에 따라 써 보세요.

따	뜻	하	다

산	

시	냇	물

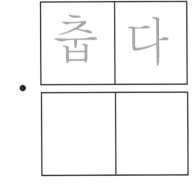

춥	다

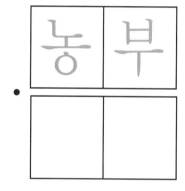

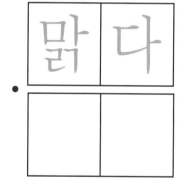

흐	리	다

농	부

맑	다

구	름

★ 그림을 보고 알맞은 글자를 보기에서 찾아 써 넣어 보세요.

보기

마	필	실

연 [ ]
[ ] 통

거 [ ]
[ ] 내
[ ] 화

★ 글자에 받침을 더하여 새로운 글자를 만들어 봅시다.

보기

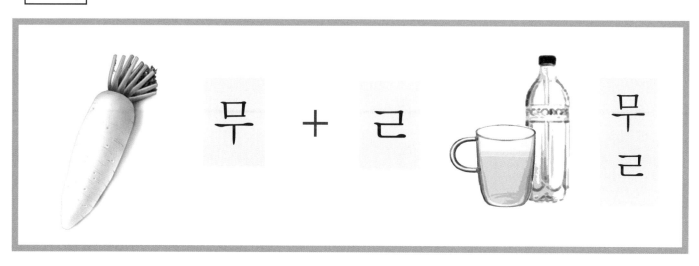

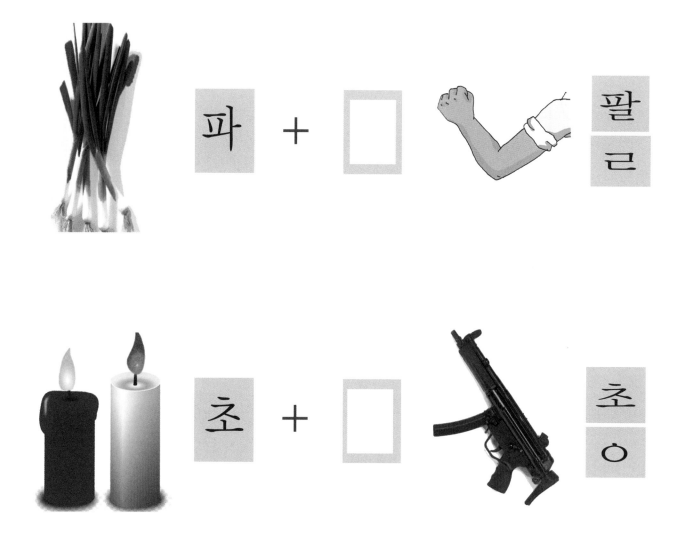

새롬이가 동물원에서 본 동물입니다

기린

호랑이

여우

사자

원숭이

악어

오리

물개

★ 알맞은 그림과 선으로 연결하고 빈칸에 따라 써 보세요.

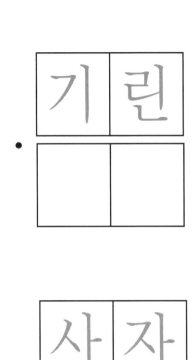

기 | 린

사 | 자

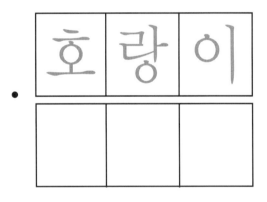

호 | 랑 | 이

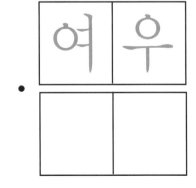

여 | 우

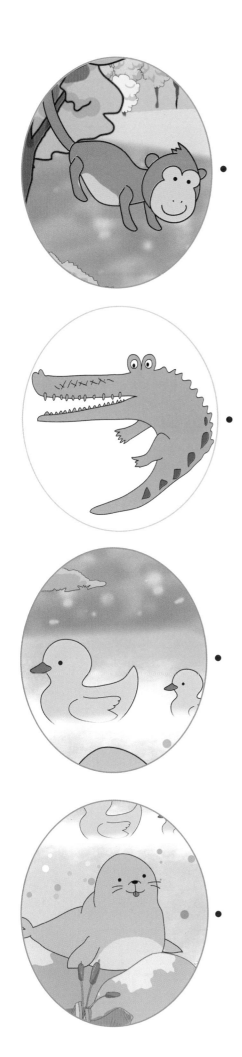

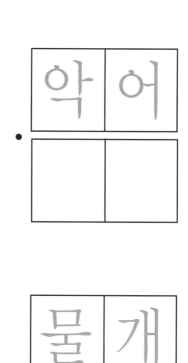

악	어

물	개

원	숭	이

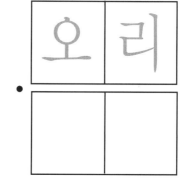

오	리

축 구

야 구

농 구

배 구

줄	넘	기

달	리	기

숨	바	꼭	질

비	사	치	기

★ 알맞은 그림과 선으로 연결하고 빈칸에 글씨를 써 보세요.

발을 들고 줄을 넘겨요.

숨	바	꼭	질

달리기를 해요.

줄	넘	기

술래는 숨어 있는 사람을
찾아요.

비	사	치	기

말(돌)을 던져 앞에 있는
말을 밀어 내요.

달	리	기

공을 발로 차요.

<table>
<tr><td>축</td><td>구</td></tr>
<tr><td></td><td></td></tr>
</table>

공을 망 속에 던져 넣어요.

<table>
<tr><td>농</td><td>구</td></tr>
<tr><td></td><td></td></tr>
</table>

타자가 공을 치려고 해요.

<table>
<tr><td>배</td><td>구</td></tr>
<tr><td></td><td></td></tr>
</table>

그물망을 놓고 양쪽에서
공을 넘겨요.

<table>
<tr><td>야</td><td>구</td></tr>
<tr><td></td><td></td></tr>
</table>

☆ 마, 바, 사, 아를 예쁘게 따라 써 보세요.

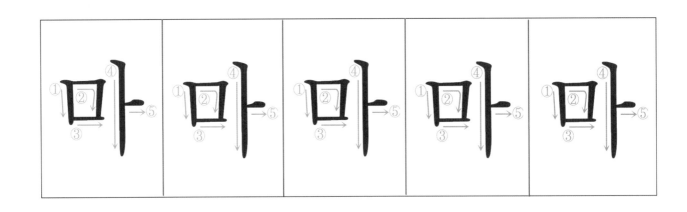

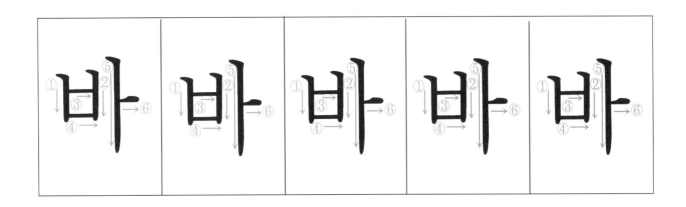

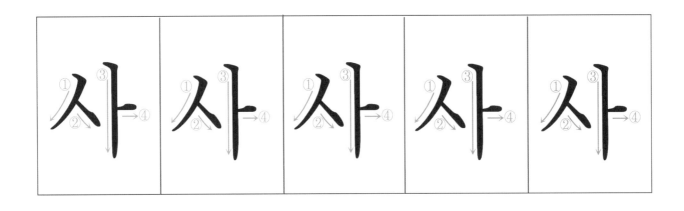

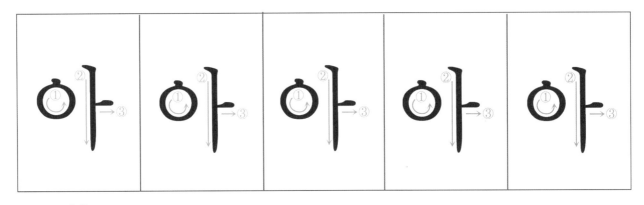

☆ 그림과 맞게 선으로 연결하고 예쁘게 따라 써 보세요.

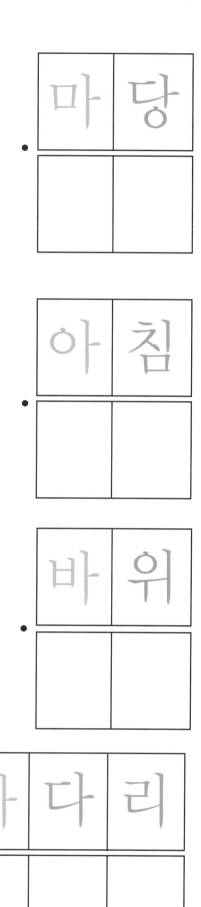

마	당

아	침

바	위

사	다	리

무겁다 ↔ 가볍다

작다 ↔ 크다

가|다 ↔ 오|다

오|른|쪽 ↔ 왼|쪽

★ 알맞은 그림과 선으로 연결하고 빈칸에 따라 써 보세요.

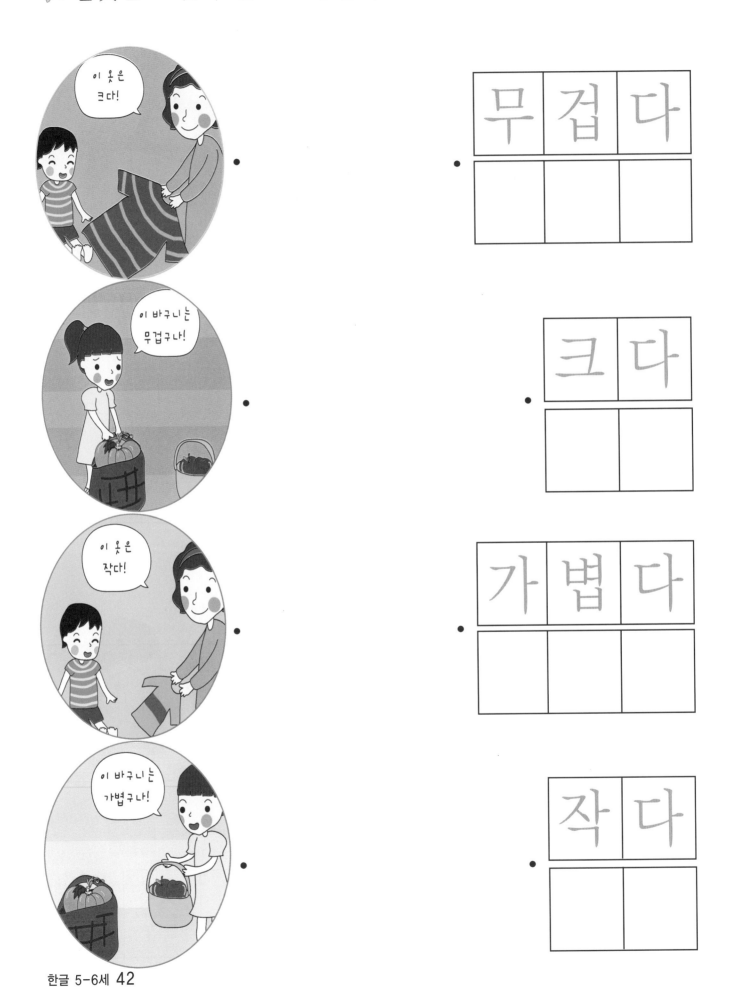

무겁다

크다

가볍다

작다

★ 알맞은 그림과 선으로 연결하고 빈칸에 따라 써 보세요.

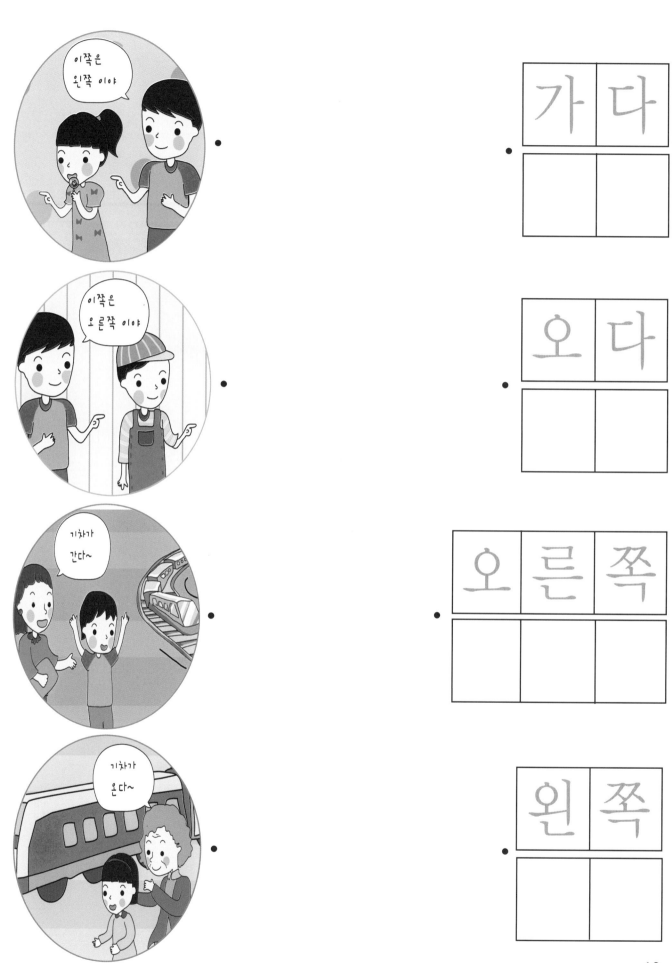

⭐ 글자에 받침을 더하여 새로운 글자를 만들어 봅시다.

보기

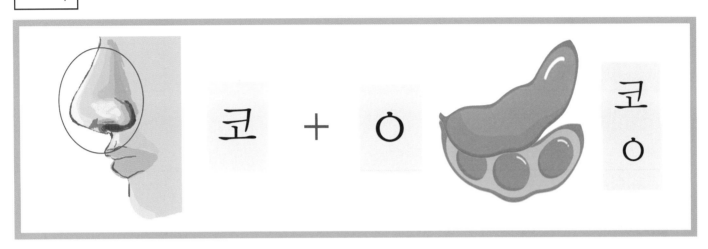

오이　　가지　　고추　　배추

3 | 시

6 | 시

9 | 시

12 | 시

2	시	반

4	시	반

7	시	30	분

8	시	30	분

☆ 알맞은 그림을 선으로 연결하고 빈칸에 따라 써 보세요.

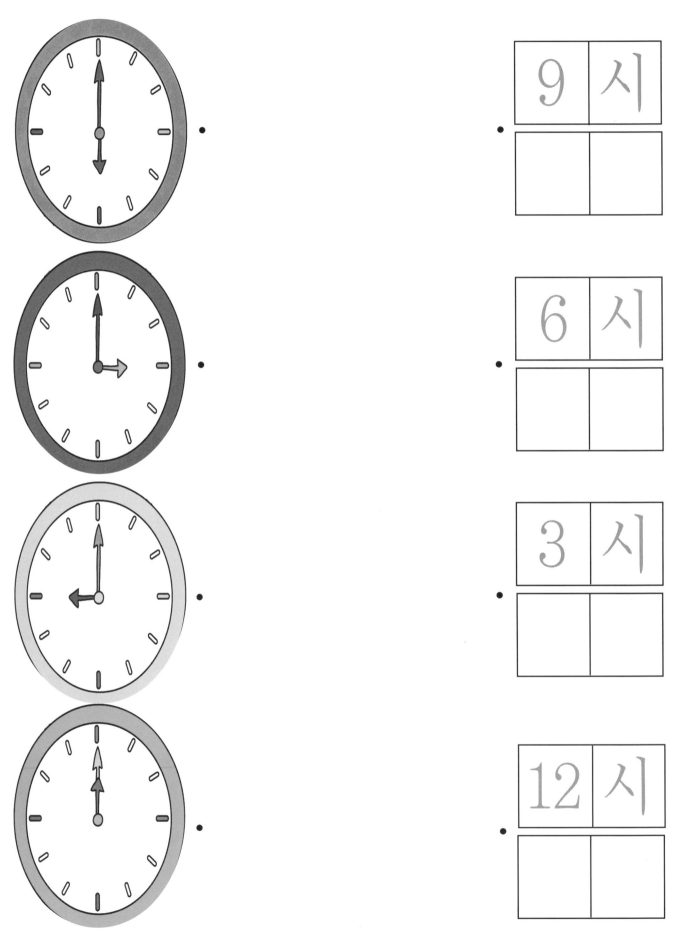

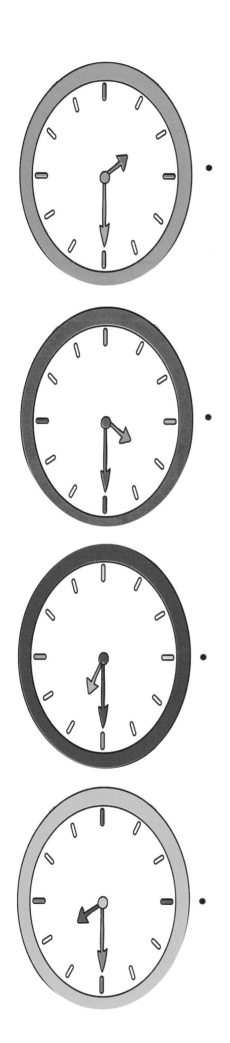

4	시	반

2	시	30	분

8	시	30	분

7	시	반

사과가 몇 개인가요

한	개

세	개

다	섯	개

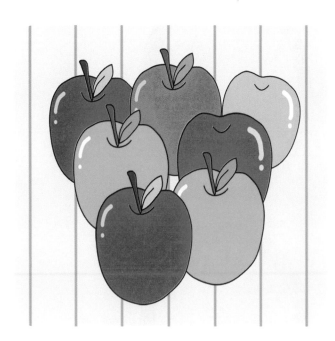

일	곱	개

친구가 몇 명인가요

두	명

네	명

다	섯	명

일	곱	명

★ 자, 차, 카, 타를 예쁘게 따라 써 보세요.

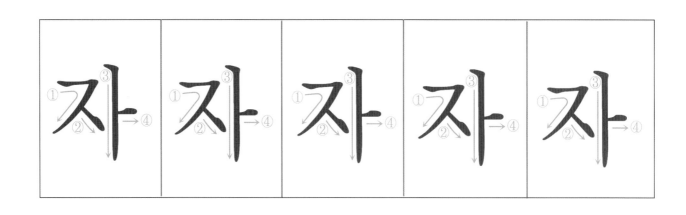

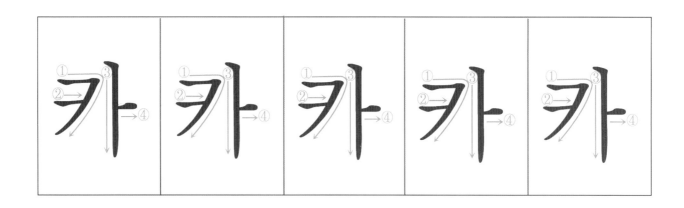

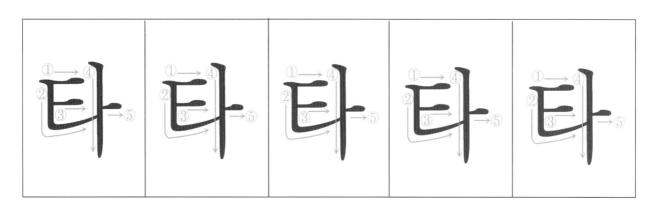

☆ 그림과 맞게 선으로 연결하고 예쁘게 따라 써 봅시다.

자 라

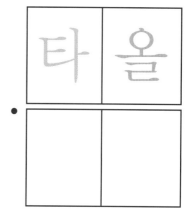

타 올

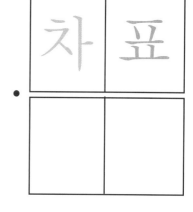

차 표

카 드

53

★ 아래 네모 속에서 알맞은 글자를 찾아 넣으세요.

구	미	두

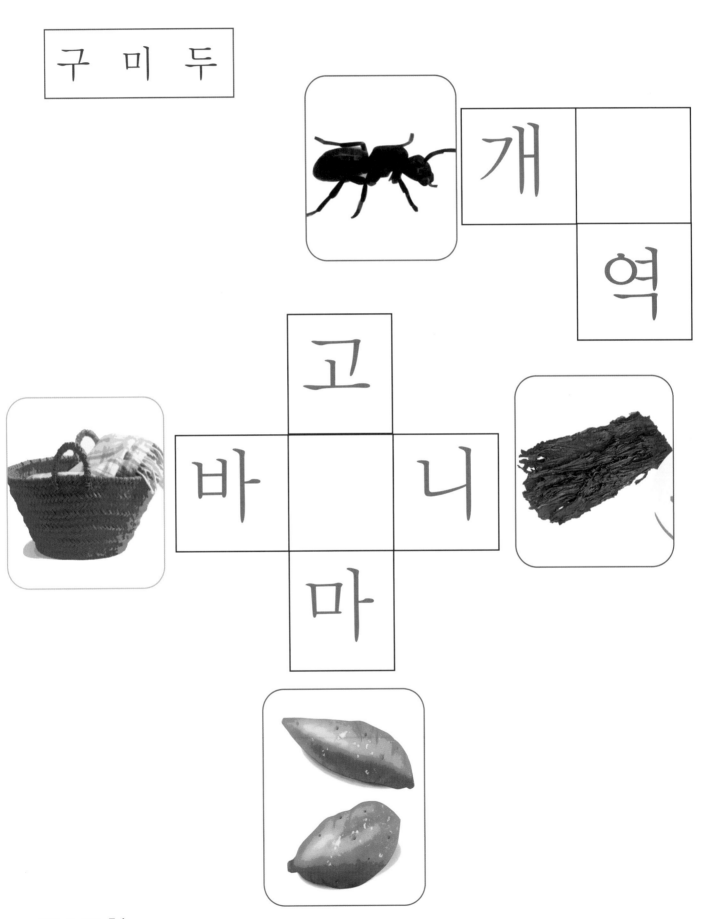

☆ 퍼즐이 서로 맞게 선으로 연결하고 빈칸에 알맞은 글자를 써 넣으세요.

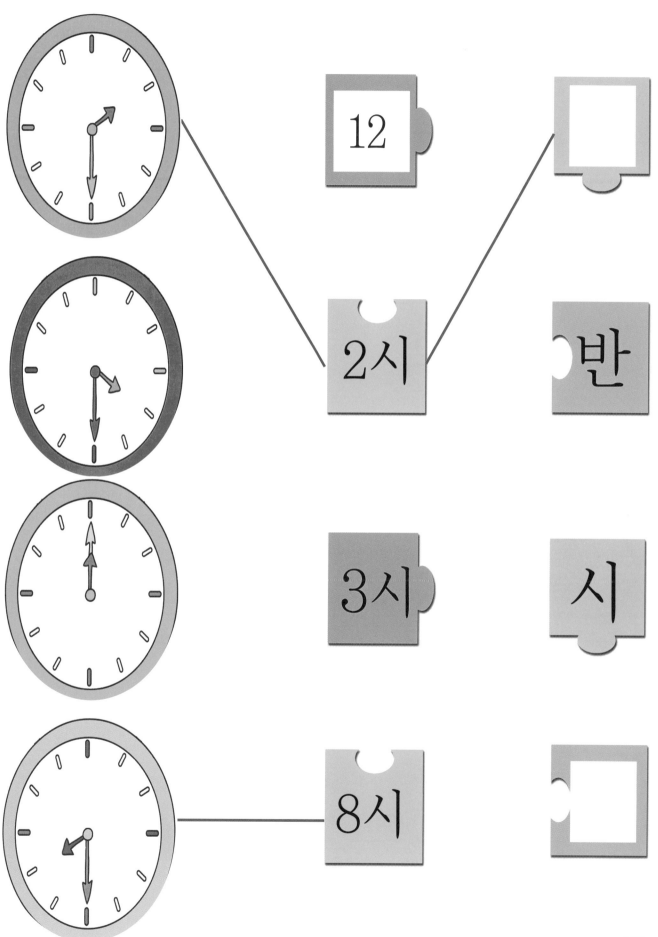

⭐ 같은 종류끼리 선으로 연결하세요.

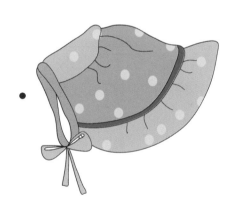

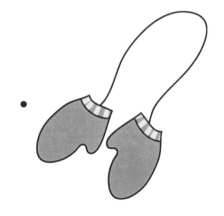

★ 같은 종류끼리 선으로 연결하세요.

신 | 발

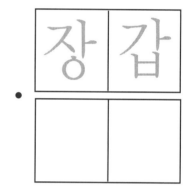

장 | 갑

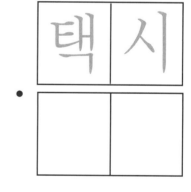

택 | 시

모 | 자

☆ 알맞은 그림을 선으로 연결해 보세요.

☆ 파, 하를 예쁘게 따라 써보세요.

☆ 그림과 맞게 선으로 연결하고 예쁘게 따라 써 봅시다.

바람은 씽 씽

계곡 물은 콸 콸 콸

나무잎은

우 수 수

돌들은

데 굴 데 굴

엄마새는

굴굴굴

다람쥐는

바스락

시냇물은

졸졸졸

까마귀는

까악까악

차들이 내는 소리입니다

차들은

빵	빵

오토바이는

부	릉	부	릉

자전거는

따	르	릉

호루라기는

호	르	륵

★ 알맞은 그림을 선으로 연결하고 빈칸에 따라 써 보세요.

오토바이가

부	룽	부	룽

자전거가

따	르	릉

자동차가

빵	빵

호루라기가

호	르	륵

즐겁다한글 5~6세

초판 1쇄 발행 2021년 12월 10일

글 Y&M 어학 연구소
펴낸이 서영희 | **펴낸곳** 와이 앤 엠
편집 임명아 | **책임교정** 하연정
본문인쇄 명성 인쇄 | **제책** 정화 제책
제작 이윤식 | **마케팅** 강성태
주소 120-848 서울시 서대문구 홍은동 376-28
전화 (02)308-3891 | Fax (02)308-3892
E-mail yam3891@naver.com
등록 2007년 8월 29일 제312-2007-000040호

ISBN 979-11-971265-8-1 63710
본사는 출판물 윤리강령을 준수합니다.